PROPULSEUR

A

PRESSION ATMOSPHÉRIQUE

Applicable à la navigation à vapeur maritime ou fluviale

PAR

LUCIEN VALLET

Ingénieur

Ancien élève de l'École d'Arts et Métiers de Châlons

MÉMOIRE

COMPRENANT LA THÉORIE, LES PRINCIPES DE CONSTRUCTION
ET LES PRINCIPES D'INSTALLATION,
A BORD DES NAVIRES, DE CE NOUVEAU PROPULSEUR

PARIS

IMPRIMERIE DE L'ÉCOLE CENTRALE DES ARTS ET MANUFACTURES
ET DE LA SOCIÉTÉ DES ANCIENS ÉLÈVES
DES ÉCOLES D'ARTS ET MÉTIERS

J. DEJEY & Cie

LIBRAIR.-ÉDITEURS

18, — RUE DE LA PERLE

1875

EXTRAIT DU CATALOGUE

DE LA

LIBRAIRIE DE L'ÉCOLE CENTRALE DES ARTS & MANUFACTURES

ET DE LA

SOCIÉTÉ DES ANCIENS ÉLÈVES

OUVRAGES DE FONDS

PORTEFEUILLE de l'École Centrale des Arts et Manufactures publié par la Direction de l'École Centrale, avec le concours de M. J. DENFER, ingénieur-architecte, chef des Travaux graphiques à ladite École. — Il paraîtra tous les ans un album composé de 50 planches, format 1/2 grand-aigle. — L'année (1873), par exception, se compose d'une collection de 30 planches doubles 1/2 grand-aigle. Prix en carton . . . . 20 fr.

L'année 1874 se compose de 50 pl. doubl. 1/2 gr.-aigle. Prix en carton. 30 fr.

L'année 1875, qui paraîtra le 1er janvier 1875, contiendra 50 planches doubles 1/2 grand-aigle. Prix de l'abonnement. . . . . 25 fr.

L'année aussitôt parue sera portée à. . . . . 30 fr.

BOUIS. — COURS DE CHIMIE ANALYTIQUE, professé à l'École Centrale, 1871. Prix, broché. . . . . 5 fr. 80

BOURSIN. LEÇONS D'HISTOIRE NATURELLE MÉDICALE. — ZOOLOGIE MÉDICALE (Zoophytes, Annelés, Mollusques). 1 volume in-4° couronne de 325 pages, avec figures intercalées dans le texte. Prix. 8 fr.

— — LEÇONS D'HISTOIRE NATURELLE MÉDICALE. — BOTANIQUE MÉDICALE (Racines, Tiges, Feuilles, Fleurs, Fruits, Graines). 1 volume in-4° couronne de 340 pages, avec figures intercalées dans le texte. Prix. . . . . 8 fr.

CALLON (Ch.), professeur à l'Ecole Centrale. — COURS DE CONSTRUCTION DE MACHINES. — L'ouvrage, divisé en deux parties, renferme toutes les Machines qui font l'objet du cours professé par M. CALLON, à l'Ecole Centrale, et parmi lesquelles nous citerons : les Machines à battre, les Appareils à nettoyer les grains, les Moulins et leurs accessoires, tels que : Bluteries, etc.; les Appareils à concasser les grains, les Charrues usuelles et à vapeur, les Scarificateurs, les Herses, les Semoirs, les Houes, les Moissonneuses, Faneuses, Rateau à cheval, les Ventilateurs, les Béliers hydrauliques, les Machines à colonnes d'eau, les Grues et les Presses hydrauliques, les Roues hydrauliques, les Turbines, tant à axe horizontal qu'à axe vertical, les Turbines à vannes partielles, les Turbines à chambre d'eau ouverte, les Turbines à bâche large et à bâche étroite, les Turbines à siphon. Un Tableau de calculs relatifs aux Turbines, les Pompes et les diverses Machines propres à l'élévation des eaux.

Les détails, les légendes explicatives très-complètes, qui accompagnent les dessins d'ensemble, en rendent la lecture très-facile et initient parfaitement celui qui consulte l'ouvrage, non-seulement sur la composition, mais encore sur la marche des Machines représentées.

Les dessins, exécutés d'une façon rigoureuse, sont du plus grand intérêt pour tous ceux qui, en général, s'occupent de la construction des Machines agricoles et hydrauliques.

1re Partie : Matériel agricole, 42 planches.
2e — Hydraulique, 75 planches.

L'ouvrage complet, en carton . . . . 30 fr.

Les deux parties se vendent séparément.

1re partie : Matériel agricole. 42 planches, en carton. . . . . 15 fr.
2e — Hydraulique, 75 planches, en carton. . . . . 25 fr.

CASALONGA, ingénieur civil. — SÉRIES ou Éléments proportionnels de construction de pièces mécaniques, *comprenant les organes de toutes les machines disposées pour faciliter les études et les travaux des Dessinateurs, Ingénieurs et Constructeurs.*

Le mérite de l'auteur n'est pas, à beaucoup près, d'avoir entrepris la tâche considérable de former, par un travail laborieux de calculs et de recherches, des séries *d'après lui.* Il n'est autre, au contraire, que d'avoir colligé de nombreux éléments, se trouvant disséminés dans plusieurs mains ou en divers ouvrages d'une grande notoriété et d'une utilité incontestable. Bon nombre de documents ont été empruntés aux communications faites à l'auteur, aux albums qui lui ont été remis, ou ont été puisés à des travaux de publication récente.

Les grands ateliers affectent des sommes considérables à l'établissement de leurs *séries* ou éléments proportionnels de construction; et il est facile de constater que des ingénieurs libres ont dépensé des sommes considérables pour collectionner une partie de ces renseignements que notre ouvrage met à la disposition de tous pour une somme minime. Les dessinateurs, les chefs de travaux ou de bureaux de dessin, les ingénieurs pour la construction, trouveront, au cours de leurs études, une aide efficace dans la possession de ces documents, où ils trouveront les détails des projets dont ils auront déterminé les conditions principales.

L'ensemble de l'ouvrage forme un album de 64 planches et 32 pages de texte grand in-4°. Prix . . . . 25 fr.

CONTAMIN, professeur à l'Ecole Centrale des Arts et Manufactures. — COURS DE RÉSISTANCE APPLIQUÉE, professé à l'Ecole Centrale. Petit in-4° lithographique de 316 pages, avec nombreuses figures dans le texte; 1874. . . . . 12 fr.

DENFER (J.), ingénieur civil, architecte, chef des travaux graphiques à l'École Centrale des Arts et Manufactures. — COURS ÉLÉMENTAIRE DE DESSIN, selon les principes professés et appliqués à l'Ecole Centrale, à l'usage des candidats à cette école, composé d'un atlas de 30 planches et d'un volume de texte in-4° de 150 pages environ. Prix. . . . . 25 fr.

— — ALBUM de serrurerie, conforme au cours de Constructions civiles professé à l'Ecole Centrale par E. MULLER, et contenant *l'emploi du fer dans la maçonnerie et dans la charpente en bois, la menuiserie en fer, les grosses fontes et articles divers de quincaillerie*. Grand in-4, contenant 100 belles planches lithographiques; 1872. 13 fr.

DENY (Ed.), ingénieur aux forges de Monterhausen, ancien Élève de l'École de Châlons. — ETUDE sur les Machines soufflantes. 1 volume in-8, contenant de nombreuses figures intercalées dans le texte et six planches montées sur onglets. Prix . . . . 6 fr.

DUGUÉ, ingénieur, chef de comptabilité. — TRAITÉ de comptabilité et d'administration à l'usage des Entrepreneurs de bâtiment et de Travaux publics, contenant des comptes spéciaux aux travaux, aux loyers, entretien et prix de revient d'immeubles. 1 volume in-8. Prix. . . . . 4 fr.

ERMEL, professeur à l'Ecole Centrale des Arts et Manufactures. — ALBUM des éléments et organes de machines, traités dans le cours de constructions de machines à l'Ecole Centrale; suivi de planches relatives aux machines soufflantes, par M. JORDAN, professeur du cours de métallurgie. Portefeuille oblong, cartonné, contenant 19 planches de texte explicatif et 102 planches de dessins cotés; 1870. Prix. . . . . 13 fr.

FRÉMINVILLE (de), professeur à l'École Centrale. — TRACÉ D'UN TIROIR DE DÉTENTE, 1872. Prix. . . . . 2 fr.

GOUILLY (Al.), ingénieur des Arts et Manufactures, répétiteur à l'Ecole Centrale. — NOTE sur le calcul des forces extérieures développées dans les poutres courbes en arc de cercle, suivie d'une étude sur la déformation d'un solide sensiblement prismatique soumis à des forces extérieures quelconques.

Dans cet ouvrage, la disposition des calculs indiquée est telle qu'ils pourront être exécutés par de simples lectures dans des tables de carrés et de cubes, dans des tables de logarithmes et par de simples additions. La note recommande expressément de supprimer les chiffres inutiles et de n'employer que cinq décimales aux logarithmes.

Nous pouvons dire que ce type de calcul a été suivi par les Elèves de l'Ecole Centrale et qu'il a donné des résultats exceptionnels.

Brochure de 45 pages avec figures et nombreux tableaux. Prix. . . . 3 fr.

GRILLON (V.), capitaine du génie. — LES SIÉGES DE PARIS ET DE BELFORT, en 1870-71. Étude militaire par le comte de Geldern, capitaine du génie autrichien. — 1 vol. in-8 avec figures, tableaux, les plans du plateau d'Avron et de la ville de Belfort. . . . . 4 fr.

LARTIGUE et FOREST. — NOTE SUR LE SIFFLET ELECTRO-AUTOMOTEUR pour locomotives, et autres applications industrielles de l'électro-aimant Hugues pour fermeture à distance de robinets, valves ou clapets. Brochure in-8 avec une planche format jésus . . . . 2 fr.

LEBLANC, professeur à l'Ecole Centrale. — COURS DE CHIMIE ANALYTIQUE professé à l'Ecole Centrale. Prix. . . . . 2 fr. 25

LEGRAND, ingénieur. — RECUEIL SOMMAIRE DES PONTS PROJETÉS ET EXÉCUTÉS, par A. Legrand, de 1849 à 1873, pour le service vicinal. Ouvrage approuvé par M. le Ministre des Travaux publics, composé de 18 planches doubles, contenant 39 ponts avec une notice explicative sur chacun d'eux indiquant les matériaux employés, les conditions d'épreuves, les dimensions, le prix de revient total et au mètre superficiel, etc. Prix. . . . . 15 fr.

E.-F. LE PREUX, Architecte-Inspecteur des Travaux du Gouvernement. — PROFILS ET DÉTAILS D'ARCHITECTURE.

— — REVUE illustrée de l'Architecture et de la Construction pratique contenant :

Plans. — Façades. — Coupes. — Détails et Profils des constructions nouvelles. — Etudes de styles. — Concours publics. — Expositions, etc.

Les 3 premières années se composent de 12 numéros, formant 24 planches in-folio en noir ou en teinte. Elles sont en vente au prix de 22 fr. 50.

Chaque année se vend séparément 8 fr.

La 4e année, qui vient de paraître, comprend 36 feuilles de dessins et de texte de 54 cent. sur 38.

Cette dernière année a publié tous les projets remarquables, ainsi que les primes du concours du monument à don Pedro IV, c'est-à-dire environ 40 compositions de monuments publics, dues aux principaux architectes et sculpteurs de France, de Portugal, d'Angleterre, d'Italie et d'Espagne, ainsi que différents travaux exécutés. Prix. . . . . 10 fr.

La collection complète. . . . . 30 fr.

LOYAU, ingénieur des Arts et Manufactures, préparateur à l'École Centrale. — ALBUM DE CHARPENTES EN BOIS, renfermant plusieurs types de combles, pans de bois, échafaudages, planchers, ponts provisoires, et le nouvel amphithéâtre de l'Ecole Centrale des Arts et Manufactures. Ouvrage pratique recommandé aux Constructeurs, formant un atlas in-4 de 120 planches. Prix . . . . 25 fr.

MAIRE (I.), capitaine du génie, professeur à l'Ecole d'application du génie et de l'artillerie. — ELÉMENTS DE FORTIFICATION PASSAGÈRE, à l'usage des officiers de toutes armes. 1 vol. in-8 avec figures et planches. . . . . 4 fr.

MARY, inspecteur général des Ponts et Chaussées, professeur à cette École et à l'École Centrale des Arts et Manufactures. — COURS DE ROUTES ET PONTS, professé par M. Mary, à l'École Centrale. 1 volume in-4 avec atlas de 68 planches in-folio (dont 15 planches nouvelles se rapportant aux travaux d'art les plus remarquables exécutés depuis la dernière édition). Prix. . . . . 45 fr.

MASTAING (de), professeur à l'École Centrale des Arts et Manufactures. — COURS DE MÉCANIQUE APPLIQUÉE À LA RÉSISTANCE DES MATÉRIAUX. Leçons professées à l'Ecole Centrale de 1862 à 1872 par M. de Mastaing et rédigées par M. Courtès-Lapeyrat, ingénieur des Arts et Manufactures, répétiteur du Cours. Cet ouvrage contient les principaux cas qui peuvent se présenter dans le calcul des pièces soumises aux différents genres de résistance : Extension, Compression, Torsion et flexion. Grand in-8 avec nombreuses figures dans le texte et planche; 1874. . 15 fr.

MULLER (E.), professeur à l'Ecole Centrale des Arts et Manufactures. — COURS DE CONSTRUCTIONS CIVILES (Distribution des eaux). Forte brochure grand in-4, contenant 12 planches doubles et de nombreuses figures intercalées dans le texte. 1872 ; Prix. . . . . 6 fr. 50

— — Leçon sur la RÉGULATION DU GAZ, extraite du Cours de Constructions civiles professé à l'Ecole Centrale. — Brochure in-8° raisin avec planch. en couleurs. 2 fr.

— — EXPÉRIENCES sur l'user des matériaux, servant à faire les dallages, carrelages, etc. Brochure in-8 raisin, contenant plusieurs tableaux et 2 planches montées sur onglets. Prix. . . . . 2 fr.

PICHAULT (S.). — DIAGRAMMAGRAPHE. *Procédés théoriques et pratiques pour établir et vérifier les distributions des Machines à vapeur*, par S. PICHAULT, ingénieur, ancien élève de l'Ecole Centrale, chef de section du matériel des chemins de fer à la Société John Cockeril, à Seraing (Belgique). 1 vol. grand in-8, avec tableau et planche montée sur onglets.. . . . . 6 fr.

PHILIPS, professeur à l'École Centrale. — COURS DE MÉCANIQUE APPLIQUÉE (Hydraulique), 1872. Prix. . . . . 8 fr. 50

— — THÉORIE DE LA CHALEUR, 1872.. . . . . 0 fr. 75

Ce Cours sera bientôt épuisé.

SALVETAT (Alp.), professeur à l'École centrale, chevalier de la Légion d'honneur, chef des Travaux chimiques à la Manufacture de Sèvres. — COURS de Technologie chimique.

L'ouvrage, divisé en trois parties, comprend le cours complet professé à l'Ecole Centrale des Arts et Manufacture, par M. Alp. Salvétat.

DIVISION :

1re partie : 24 planches. Céramique.

2me partie : 26 planches. Couleur, Blanchiment, Teinture et Impression.

3me partie : 20 planches. Métallurgie (métaux autres que le fer).

Toutes les planches sont cotées et contiennent des légendes explicatives très-détaillées.

L'ensemble de l'ouvrage forme un album grand in-4. Prix. . . . . . 25 fr.

SELLE (de), professeur à l'Ecole Centrale des Arts et Manufactures. COURS de Minéralogie et de Géologie, professé à l'Ecole Centrale (d'après les notes prises par les élèves). 1 vol. in-4, broché. Prix. . . . . 15 fr.

Il ne nous reste que quelques exemplaires de ce Cours.

SELLE (de). [*Suite.*] — COMPARAISON et transformation des notations cristallographiques de *Lévy, Miller, Weiss, Naumann, Dana.*

Cet ouvrage autographié n'a pas été écrit uniquement pour les personnes qui s'occupent spécialement de minéralogie. Il est généralement destiné à tous ceux qui ont besoin de pouvoir comprendre et comparer les notations des divers systèmes. La nécessité de cette comparaison est d'autant plus grande aujourd'hui que la minéralogie est devenue le corollaire de la chimie, et que, pour la distinction des corps, les caractères cristallographiques sont maintenant adjoints à ceux qui, autrefois, étaient exclusivement empruntés aux propriétés physiques el chimiques. 1 vol. in-4, broché. Prix . . . . 15 fr.

LA SECTION MILITAIRE à l'Exposition de Vienne en 1873, d'après les documents français et étrangers, réunis et classés par M. DERRIEN, capitaine d'état-major, et WEIL. Publication de la Réunion des Officiers.

Toutes les inventions récentes, ayant trait aux armées de toutes les puissances, sont passées en revue par MM. Derrien et Weil, officiers d'état-major. Un grand nombre de figures dans le texte et des planches séparées en facilitent l'explication. C'est là un livre de haute utilité pour tous ceux qui ont à s'occuper de la question militaire.

Tous les ingénieurs, mécaniciens et constructeurs, pourront y puiser des renseignements très-importants et d'une exactitude indiscutable.

Cet ouvrage a sa place marquée dans toutes les bibliothèques. 1 fort vol. grand in-8, contenant de nombreuses planches intercalées dans le texte. Prix. . . 16 fr.

OUVRAGES EN PRÉPARATION

PRINCIPES DE LA CONSTRUCTION DES TURBINES, d'après une nouvelle méthode, pour la détermination rationnelle de la forme des Aubes, suivis de la théorie et des principes de la construction des pompes centrifuges, par *Vallet (L.)*, ingénieur, ancien Élève de l'École des Arts et Métiers de Châlons. (*Va paraître très-prochainement*).

LES TRAVAUX PUBLICS, — LES MINES ET LA MÉTALLURGIE AU TEMPS DES ROMAINS, — LA TRADITION ROMAINE JUSQU'A NOS JOURS, par *Alfred Léger*, ingénieur, ancien Élève de l'École Centrale. 1 fort vol. grand in-4, de 7 à 800 pages, avec 12 grandes planches.

COURS DE MÉCANIQUE APPLIQUÉE (Hydraulique), professé à l'École centrale, par M. *Philips.*

2e Édition revue, augmentée. .

ÉLÉMENTS DE FORTIFICATION PASSAGÈRE, par M. *Maire*, capitaine de génie.

3e Partie.

LES CHEMINS DE FER CONSIDÉRÉS AU POINT DE VUE TECHNIQUE, soit en temps de paix, soit en temps de guerre, par *Aversenq*, capitaine d'artillerie, ancien Élève de l'École Polytechnique.

La librairie de l'École Centrale se charge de l'achat de tous les ouvrages de MM. les Éditeurs de Paris, et de leur expédition immédiate sans augmentation de prix.

Paris. — J. DEJEY & Cie, Imprimeurs de l'École Centrale, 18, rue de la Perle.

BULLETIN DE SOUSCRIPTION

Je soussigné ______

profession ______

demeurant ______

déclare souscrire a ______ *ouvrage* ______ *suivant* ______ :

______

______

______

______

______

______

______

que je paierai ______ *francs comptant*

et ______ *francs* ______ *de mois en mois*

à partir du ______ 187 ______

jusqu'à concurrence de la somme de ______

______ *francs* ______

Le ______ 187 ______

Signature :

1. Écrire le nom et l'adresse très lisiblement.
2. Laisser subsister celui des modes de paiement qui conviendrait le mieux.
3. Indiquer l'époque à laquelle on peut disposer, et prendre note que les traites sont augmentées des *frais de recouvrement*.

Pour l'Étranger, les souscriptions doivent être accompagnées du montant de l'ouvrage en un chèque ou un bon à toucher sur Paris.

Messieurs J. Dejey & Cie

IMPRIMEURS-ÉDITEURS

de l'Ecole Centrale et de la Société des anciens Élèves

18, rue de la Perle,

Paris.

PROPULSEUR

A

PRESSION ATMOSPHÉRIQUE

PROPULSEUR

A

PRESSION ATMOSPHÉRIQUE

Applicable à la navigation à vapeur
maritime ou fluviale

PAR

LUCIEN VALLET
Ingénieur
Ancien élève de l'École d'Arts et Métiers de Châlons

MÉMOIRE

COMPRENANT LA THÉORIE, LES PRINCIPES DE CONSTRUCTION
ET LES PRINCIPES D'INSTALLATION,
A BORD DES NAVIRES, DE CE NOUVEAU PROPULSEUR

PARIS
IMPRIMERIE DE L'ÉCOLE CENTRALE DES ARTS ET MANUFACTURES
ET DE LA SOCIÉTÉ DES ANCIENS ÉLÈVES
DES ÉCOLES D'ARTS ET MÉTIERS
J. DEJEY & Cie
LIBRAIR.-ÉDITEURS
18, — RUE DE LA PERLE

1875

PROPULSEUR

A

PRESSION ATMOSPHÉRIQUE

SOMMAIRE

Principe de ce propulseur. — Appareil à force centrifuge propre à réaliser ce principe. — Théorie de l'appareil proposé. — Détermination des dimensions principales et fondamentales du propulseur. — Courbure des aubes. — Concordance entre le travail mécanique transmis par le propulseur et le travail absorbé par la marche du bateau à différentes vitesses. — Détermination des dimensions principales d'un propulseur à pression atmosphérique pour un travail de 800 *chevaux à la vitesse de* 16 *nœuds. Disposition générale de l'appareil propulseur. Exposé de quelques-uns de ses avantages.*

§ 1er.

PRINCIPES DU NOUVEAU PROPULSEUR.

Les roues à aubes et l'hélice, employées jusqu'alors comme propulseurs par la navigation à vapeur, sont des leviers qui prennent leur point d'appui sur l'eau elle-même, laquelle étant essentiellement mobile ne présente, sous ce rapport, qu'une stabilité très-imparfaite. Lorsque le bateau, actionné par l'un de ces propulseurs, a atteint sa vitesse de régime, et que l'équilibre dynamique s'est établi entre le travail moteur et le travail résistant, la réaction exercée sur l'eau environnante par le propulseur est égale à la résistance que celle-ci oppose au mouvement du bateau.

La masse d'eau m', soumise à cette réaction, est donc déplacée et projetée ou refoulée en arrière avec une certaine vitesse u', et le travail mécanique $T_r = \frac{mu^2}{2}$, absorbé par ce recul, est dépensé en pure perte. D'un autre côté, dans les propulseurs à hélice, la force contrifuge, développée par la rotation, entraîne avec elle d'autres perturbations qui, jointes à celles que nous venons de signaler, consomment inutilement une fraction d'autant plus considérable du travail moteur, que l'on veut marcher à une plus grande vitesse. De sorte que, si l'on désigne par T_m le travail moteur, par T_u le travail absorbé par la marche du bateau, et par T_p le travail perdu par les perturbations dues au fonctionnement du propulseur, on a : $T_m = T_u + T_p$.

En présence du prix toujours croissant des combustibles,

il est inutile d'insister sur l'importance d'un propulseur, dont le fonctionnement, n'engendrant aucune de ces perturbations, pourrait utiliser intégralement tout le travail des machines à entretenir la marche du bateau, et pour lequel on aurait la relation théorique $T_m = T_u$.

Or, un propulseur prenant son point d'appui sur la pression atmosphérique qui est une force universelle, constante et stable, donne une solution parfaite de ce problème.

Voici la théorie de ce propulseur :

Soit A un corps flottant de forme quelconque immergé

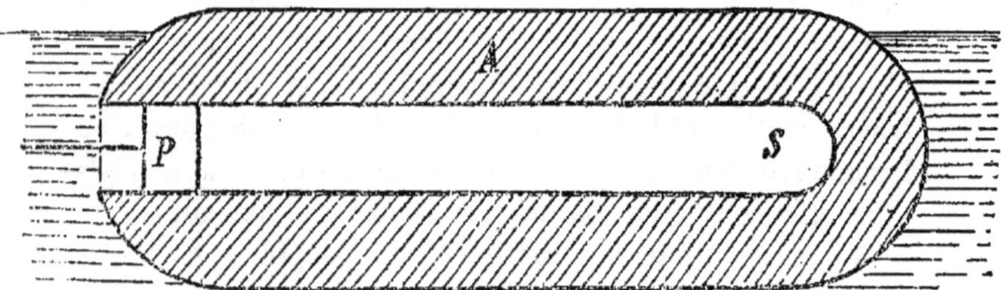

dans une eau tranquille d'un espace indéfini, et T_u le travail effectif nécessaire pour le faire mouvoir avec une vitesse U dans la direction de son axe.

Quelle que puisse être la valeur de T_u, ce travail est équivalent à celui qui serait accumulé dans une masse d'eau M animée d'une vitesse U, de sorte que l'on peut écrire :

$$T_u = \frac{MU^2}{2} = \frac{PU^2}{2g}$$

Comme $M = \frac{P}{g}$, si l'on désigne par h la hauteur de chute nécessaire pour générer la vitesse U, on aurait :

$U^2 = 2\,gh$, et par suite en remplaçant M et U^2 par ces dernières expressions on a :

$$T_u = Ph$$

Soit Q en mètres cubes $= \frac{P}{1000}$ le volume de ce poids d'eau, il peut être représenté par un cylindre dont la hauteur serait égale à la vitesse U et dont la base aurait une surface $S = \frac{Q}{U}$, on a par conséquent aussi :

$$T_u = 1000\;Qh = 1000\;Sh \times U.$$

Or U étant le chemin parcouru dans une seconde, on voit que l'effort F, développé pour produire le travail T_u, est égal à 1000 Sh.

Actuellement, si l'on suppose que le corps flottant soit traversé dans le sens de son axe par un cylindre ouvert à l'une de ses extrémités, et dont la section normale soit égale à S, soit par hypothèse, un piston fixe P.

Si l'on fait dans le cylindre un vide correspondant à une hauteur d'eau égale à h, la pression atmosphérique agissant sur le corps flottant exercera sur lui, normalemement à la surface S du cylindre, une pression $F = 1000\;Sh$.

Or, le travail absorbé par le corps flottant pour se mouvoir avec une vitesse U étant, comme on vient de le voir : $T_u = 1000\;Sh \times U$, l'on en conclut que sous l'action de la pression atmosphérique $F = 1000\,Sh$, ce corps flottant prendra la vitesse U.

Par conséquent, si au lieu de l'hypothèse précédente du piston solide et fixe P, l'on considère le piston idéal formé par le prisme d'eau de longueur indéfinie dont la surface S est la base, et que l'on établisse sur le corps flottant lui-même un appareil capable d'aspirer par seconde, de ce prisme d'eau, un volume $Q = SU$, si ce corps flottant n'est pas retenu par des amarres, il prendra lui-même la vitesse U, et, lorsque l'équilibre dynamique sera établi, le prisme indéfini d'eau, dont la base est S, restera en repos absolu.

Tel est le principe fondamental du nouveau propulseur, c'est-à-dire :

Créer, en un point quelconque de l'axe du corps flottant, un vide permanent d'une hauteur barométrique déterminée sur une surface déterminée, afin de produire, en sens opposé, une pression atmosphérique capable d'imprimer à tout le système une vitesse U.

Corollaire.—*La pression totale exercée par l'atmosphère étant représentée par une colonne d'eau de* $10^m,33$ *de hauteur, on voit que* U *ne pourrait jamais dépasser* $\sqrt{19,62 \times 10,33} = 14^m,25$ *par seconde, ou environ* 50 *kilomètres à l'heure.*

§ 2.

APPAREIL A FORCE CENTRIFUGE, PROPRE A RÉALISER LE PRINCIPE ÉNONCÉ.

L'application d'une turbine centrifuge, convenablement établie, permet de réaliser le principe qui vient d'être énoncé en satisfaisant d'une manière complète à toutes les exigences de la théorie et de la pratique.

Or, pour que le fonctionnement de l'appareil satisfasse à toutes les exigences théoriques, il faut et il suffit :

1° *Que les dimensions de cet appareil soient telles, qu'il puisse aspirer par seconde un volume d'eau* Q *en lui imprimant une vitesse* U *égale à celle du bateau, de telle sorte que, si l'on désigne par* T_u *le travail absorbé par la marche de celui-ci, on ait :*

$$T_u = 1000\,Q \times \frac{U^2}{2g}$$

2° *Que l'eau pénètre sans choc dans les aubes, traverse celles-ci sans tourbillonner en décrivant une trajectoire déterminée, et s'échappe de l'appareil avec une vitesse égale et de sens contraire à celle du corps flottant.*

3° *Enfin, que la vitesse de l'eau dans les conduites d'aspiration et d'évacuation soit uniforme sur tout son parcours et égale à* U.

Soient :

$P = 1000\ Q$ le poids d'eau à déplacer par seconde;
U la vitesse à imprimer à ce volume d'eau;
v la vitesse de la turbine à la circonférence extérieure;
W la vitesse relative de sortie de l'eau des aubes;
U' la vitesse relative d'entrée de l'eau dans les aubes;
v' la vitesse de la turbine à la circonférence intérieure;
W' la vitesse absolue d'introduction de l'eau dans la turbine;
R le rayon extérieur de la turbine;
r le rayon intérieur;
α l'angle de projection *(Fig. 2, Planche II)*;
β l'angle du premier élément des aubes;
γ l'angle du dernier élément des aubes;
δ l'angle d'affluence.

D'après la théorie des turbines à force centrifuge, développée dans un ouvrage de l'auteur de cette description (1); pour satisfaire aux conditions imposées dans la deuxième partie de l'énoncé, relativement à l'introduction de l'eau dans les aubes, il faut que l'on ait, entre quelques-unes, des expressions qui précèdent les relations générales suivantes :

$$U v \cos \alpha = \frac{U^2}{2} \tag{1}$$

$$W = v$$

$$U' = v'$$

De plus, afin d'éviter des pertes de forces vives dans le fonctionnement de l'appareil, il est clair qu'il faut que l'on

---

(1) *Principes de la construction des turbines et des pompes centrifuges*, chez J. Dejey et Cie, éditeurs à Paris.

ait, d'après la troisième partie de l'énoncé du problème, la relation particulière :

$$W' = U$$

Cela posé, si l'on désigne par ω la vitesse angulaire de la turbine, le travail développé par la force centrifuge sur la masse d'eau M qui traverse les aubes a pour expression :

$$T_f = \frac{M\omega^2}{2} \quad (R^2 - r^2)$$

Or, comme ce travail doit être tel qu'il puisse imprimer à la masse d'eau M une vitesse U, il s'ensuit que l'on a :

$$\frac{MU^2}{2} = \frac{M\omega^2}{2} (R^2 - r^2)$$

Si l'on fait dans cette équation $R = 1$, ce qui donne $\omega = v$, on aura :

$$\frac{MU^2}{2} = \frac{Mv^2}{2} - \frac{Mv^2}{2} r^2 \tag{2}$$

Mais, d'après l'équation fondamentale (1), on a :

$$v = \frac{U}{2 \cos \alpha} = 0{,}5 \frac{U}{\cos \alpha}$$

et

$$v^2 = 0{,}25 \frac{U^2}{\cos^2 \alpha}$$

Remplaçant v^2 par sa valeur dans l'équation (2), il vient :

$$\frac{MU^2}{2} = 0{,}25 \frac{MU^2}{2 \cos^2 \alpha} - 0{,}25 \frac{MU^2}{2 \cos^2 \alpha} r^2$$

Divisant tous les termes de cette équation par $\frac{MU^2}{2\cos^2\alpha}$ il vient en effectuant les calculs :

$$\text{(3)} \qquad \cos^2\alpha = 0{,}250 - 0{,}250\, r^2$$

et

$$r^2 = \frac{0{,}250 - \cos^2\alpha}{0{,}250}$$

Il est convenable de faire en pratique $r = 0{,}5\ R$, on a, par conséquent, d'après la formule (3) :

$$\cos\alpha = \sqrt{0{,}250 - 0{,}250 \times \overline{0{,}5}^2} = 0{,}433$$

d'où

$$\alpha = 64^\circ\ 20' \text{ et } \sin\alpha = 0{,}901$$

Par suite, on trouve successivement :

$$v = W = \frac{U}{2\cos\alpha} = \frac{U}{0{,}866} = 1{,}15\ U$$

$$v' = U' = 0{,}50\ v = 0{,}575\ U$$

$$W' = U = \sqrt{2\ v'^2\ (1 - \cos\beta)}$$

Formule d'où l'on tire :

$$\cos\beta = \frac{0{,}66 - 1}{0{,}66} = -0{,}515$$

c'est-à-dire que l'angle β appartient au deuxième quadrant et est égal à 59°, par suite $\sin\beta = 0{,}857$.

En désignant par l la largeur des aubes à la circonférence extérieure, et par l', celle à la circonférence intérieure, on a :

$$\sin\beta\ r\ l'\ U' = \sin\alpha\ R\ l\ U,$$

comme :

$$r = 0{,}5\,R, \quad U' = 0{,}575\,U,$$
$$\sin\beta = 0{,}857, \quad \text{et } \sin\alpha = 0{,}901,$$

il vient :

$$l' = \frac{0{,}901}{0{,}255}\quad l = 3{,}55\,l$$

Pour déterminer la valeur de l'angle γ du dernier élément des aubes, on a :

$$\sin\gamma\ W = \sin\alpha\ U,$$

or,

$$W = v = 1{,}15\,U, \quad \sin\alpha = 0{,}901$$

par conséquent :

$$\sin\gamma = \frac{0{,}901}{1{,}15} = 0{,}785$$

$$\text{angle } \gamma = 51^\circ\ 44' \quad \text{et } \cos\gamma = 0{,}619.$$

De même aussi, pour déterminer l'angle d'affluence δ qui est celui du dernier élément des directrices, on a :

$$\sin\delta\ W' = \sin\beta\ U',$$

or,

$$W' = U, \quad \sin\beta = 0{,}857$$

et

$$U' = 0{,}575\ U,$$

par conséquent, il vient :

$$\sin\delta = 0{,}857 \times 0{,}575 = 0{,}492,$$
$$\text{angle } \delta = 29^\circ\ 30 \quad \text{et } \cos\delta = 0{,}870$$

§ 3.

DÉTERMINATION DES DIMENSIONS FONDAMENTALES DU PROPULSEUR.

Si l'on admet 0,9 pour le coefficient d'écoulement de l'eau à travers les directrices et les aubes, et 0,9 pour le rapport entre les sections réelles et les sections totales des orifices, le coefficient général d'écoulement sera $0{,}9 \times 0{,}9 = 0{,}81$, soit en nombre rond, 0,80.

La vitesse U étant donnée et T_u le travail correspondant à cette vitesse, absorbé par la marche du bateau étant connu, on en déduit la valeur de Q par la formule $T_u = \dfrac{1000\, Q \times U^2}{2g}$, cela posé on a successivement :

Somme des sections normales des directrices :

$$S_1 = \frac{Q}{0{,}80\, W'}$$

et comme par condition $W' = U$, il en résulte :

$$S_1 = 1{,}25\ \frac{Q}{U}$$

Section réelle des tuyaux d'aspiration et de refoulement :

$$S = \frac{Q}{U}$$

Diamètre intérieur de ces tuyaux :

$$d_t = \sqrt{1,273 \times S}$$

Diamètre intérieur de la turbine :

$$d = 1,50\ d_t$$

Diamètre extérieur de la turbine :

$$D = 2\ d = 3\ d_t$$

Largeur des aubes à la circonférence intérieure :

$$l' = \frac{S_1}{\sin \delta\ \pi\ d} = 0,65\ \frac{S_1}{d}$$

Largeur des aubes à la circonférence extérieure :

$$l = \frac{l'}{3,55} = 0,282\ l'$$

§ 4.

COURBURE DES AUBES.

Si l'on divise la largeur de la couronne de la turbine en un certain nombre de parties égales, et qu'au chaque point de division l'on fasse passer une circonférence, on pourra déterminer les vitesses de la turbine correspondantes à chacune de ces zones, ainsi que les vitesses relatives qui, à chaque point considéré, sont égales aux premières. Quant à la vitesse absolue, elle est constante sur tout son parcours et égale à *U*.

La méthode de détermination des trajectoires étant exposée avec de grands développements dans l'ouvrage déjà cité de l'auteur de cette description, on en énoncera seulement les principes, savoir :

1° La tangente, en un point quelconque de la courbe, est la résultante entre la vitesse absolue de l'eau et la vitesse de la turbine au même point ;

2° En chaque point de la trajectoire relative du filet moyen, le produit de la section normale par la vitesse relative est un nombre constant ;

3° La trajectoire absolue du filet moyen est une ligne droite.

Remarque. — *En désignant par* Λ *la surface du maître-couple du bateau, par* K *le coefficient de résistance à la marche, en appelant toujours* U *la vitesse du bateau, le travail absorbé* *en une seconde par la marche de celui-ci est donné par la formule :*

$$T_u = \frac{KA}{2g} \times U^3$$

Laquelle formule fait voir que pour un temps donné le travail moteur dépensé est proportionnel au cube de la vitesse de propulsion.

Or, on a vu que le travail transmis par le propulseur, pour la même vitesse U, *a pour expression :*

$$T_u = \frac{1000\,Q}{2g} \times U^2$$

Mais Q = SU, *en le remplaçant par cette valeur, il vient :*

$$T_u = \frac{1000\,S}{2g} \times U^3$$

C'est-à-dire que le travail transmis par le propulseur dans l'unité de temps est lui-même proportionnel au cube de la vitesse U, *et par suite de sa vitesse angulaire.*

D'où l'on conclut que les dimensions d'un propulseur ayant été déterminées pour une vitesse normale U, conviendront également bien pour toutes les autres vitesses comprises entre *o* et $14^m,25$, et que, dans tous les cas, il y aura équivalence parfaite entre le travail transmis par le propulseur et le travail absorbé par la marche du bateau.

---

§ 5.

APPLICATION.

Déterminer les dimensions d'un propulseur à pression atmosphérique dans les conditions suivantes :

T_u = 800 chevaux ou 60,000 kilogrammètres.

Vitesse 16 nœuds; par conséquent, la vitesse par seconde $U = 8$ mètres.

On a

$$T_u = \frac{1000\, Q U^2}{2g},$$

D'où

$$Q = \frac{2g\, T_u}{1000\, U^2} = \frac{19{,}62 \times 60000}{64000} = 18^{m3}{,}400$$

Appliquant les formules précédentes, on a successivement :

Somme des sections normales des directrices,

$$S_1 = 1{,}25 \times \frac{18{,}400}{8} = 2^{m2}{,}90$$

Section effective des tuyaux d'aspiration et d'évacuation :

$$S = \frac{18^{m3}{,}400}{8} = 2{,}30$$

Diamètre intérieur de ces tuyaux :

$$d_t = \sqrt{1,273 \times 2,30} = 1^m,70$$

Diamètre intérieur de la turbine :

$$d = 1,50 \times 1,70 = 2,55$$

Diamètre extérieur de la turbine :

$$D = 2 \times 2,55 = 5,10$$

Largeur des aubes à la circonférence intérieure :

$$l' = 0,65 \times \frac{2,90}{2,55} = 0,740$$

Largeur des aubes à la circonférence extérieure :

$$l = 0,282 \times 0,740 = 0,210$$

Vitesse de la turbine à la circonférence extérieure :

$$v = 1,15 \times 8 = 9,20$$

Nombre de tours du propulseur par minute :

$$n = \frac{1,91 \times 9,20}{5,10} = 34_t, 5$$

§ 6.

DISPOSITION GÉNÉRALE DE L'APPAREIL PROPULSEUR A PRESSION ATMOSPHÉRIQUE.

D'après ce qui précède, on voit que l'appareil propulseur à force centrifuge doit être placé dans l'intérieur du navire, disposition qui le met entièrement à l'abri des causes de détérioration et de destruction auxquelles sont exposés les autres propulseurs placés extérieurement.

La fig. 1, planche I, donne la coupe horizontale de l'appareil suivant un plan passant par l'axe de rotation, cet axe est situé dans le plan vertical de l'étrave et de l'étambot. L'arbre moteur A est actionné par la machine de la même manière que celui d'un propulseur à hélice.

B_a est une tubulure à section circulaire de surface S qui porte les directrices d_a, dont la forme est indiquée fig. 2, planche II. Ces directrices sont venues de fonte dans l'espace annulaire conique, dont la génératrice moyenne $s\,a$ est inclinée à 45° sur l'axe du propulseur.

On voit par là que, dans l'application, les veines liquides, au lieu de se mouvoir dans des plans perpendiculaires à l'axe de rotation, se meuvent sur des surfaces coniques, ce qui, du reste, ne modifie en rien l'exactitude des principes théoriques qui viennent d'être déduits.

La tubulure B_a se bifurque à l'avant en deux conduits

C_a à section demi-circulaire. Ces conduits vont se raccorder extérieurement avec les flancs du navire (fig. 2, planche I), de telle sorte que le plan de leurs sections extrêmes, soit perpendiculaire à l'axe du bâtiment.

T_a est la turbine, la forme des aubes est représentée planche II, fig. 2, le milieu de celles-ci, de même que le milieu des directrices, est situé aussi sur la surface conique *sa*.

Par le mouvement de rotation de la roue, sous l'action de la force centrifuge, l'eau projetée par les orifices extérieurs de la couronne de la turbine vient se rendre, par les conduits indiqués planche I, fig. 1, dans la tubulure B_r, semblable à la tubulure B_a, et comme celle-ci se bifurquant en deux conduits C_r; ils ont comme les premiers une section demi-circulaire d'une surface égale à $\frac{S}{2}$. Ces conduits vont aussi se raccorder avec les flancs du bâtiment de la même manière que les premiers, mais en sens opposé.

Afin que ce propulseur puisse satisfaire aux exigences de la marche en avant et de la marche en arrière, une deuxième turbine T_r, semblable à la précédente et montée sur le même axe, est disposée de telle sorte que sa couronne forme le conduit annulaire par lequel est évacuée, dans la tubulure B_r, l'eau projetée par la turbine T_a.

Lorsque celle-ci est en mouvement, la turbine T_r est en repos, étant l'une et l'autre calées sur des arbres creux traversés par l'arbre moteur. Mais au moyen des embrayages automatiques D_a et D_r, lorsque l'on renverse le sens du mouvement de l'arbre moteur, la turbine T_a de la marche en avant cesse de tourner, et c'est la turbine T_r de la marche en arrière qui se met en mouvement.

En vertu de ce changement, l'aspiration et l'expulsion changent de sens, ainsi que la marche du bateau.

Afin que les aubes et les directrices de la turbine affectée à la marche en arrière ne présentent pas une trop grande résistance au mouvement de l'eau, pendant la marche en avant, on peut réduire leur nombre de moitié ; de plus, l'extrémité extérieure des aubes doit être infléchie (fig. 3, planche II), de manière à former avec la circonférence extérieure un angle de 64° 20′, égal à l'angle de projection α.

Il résulte de cette disposition une perte d'effet utile, insignifiante en ce sens que la marche en arrière est rarement employée. Quant à la turbine de la marche en avant, elle doit être construite rigoureusement d'après les principes qui ont été posés précédemment.

Tout l'appareil est renfermé dans une enveloppe métallique étanche qui, en même temps, lui sert de support ; la fig. 1, planche II, en donne l'élévation extérieure vue dans le sens de la longueur du navire, et la fig. 2, planche I, donne cette même élévation suivant la coupe transversale.

La grande couronne annulaire E, qui réunit les deux parties de l'appareil, repose sur des assises latérales par des oreilles venues de fonte avec elle. Elle porte à son centre un palier qui reçoit l'extrémité des arbres creux sur lesquels sont calées les turbines. L'autre bout de ces arbres est engagé dans une douille venue de fonte avec les tubulures B_a et B_r. Des assises transversales F et G, convenablement établies à fond de cale, supportent ces tubulures. Les enveloppes coniques M et N n'ont d'autres points d'attache que leurs brides de raccordement ; ainsi que la couronne E, elles peuvent être construites en deux ou en un plus grand nombre de parties assemblées, afin d'en faciliter le transport et le montage.

Les couronnes des turbines de grandes dimensions seront aussi construites en plusieurs parties assemblées par des oreilles que l'on aura soin de dissimuler entre les disques p et q, p' et q', afin que l'eau ne leur oppose aucune résistance.

Des obturateurs, convenablement disposés sur les conduits d'aspiration et de refoulement, permettront d'intercepter à volonté toute communication du propulseur avec la mer, chose qui est indispensable en cas de réparations.

Les conduits d'aspiration, seulement, ayant leurs obturateurs fermés, on conçoit qu'il serait facile de combiner une disposition spéciale qui permit au propulseur d'aspirer l'eau dans l'intérieur du navire. Il serait, de la sorte, transformé en une immense pompe de sauvetage pouvant expulser toute l'eau qu'une brèche, même énorme, pourrait y introduire. Toute l'attention devrait alors se concentrer à ce que les feux ne fussent pas éteints.

Ces propulseurs peuvent être placés à l'avant, à l'arrière ou au milieu du bâtiment ; ils peuvent être substitués aux propulseurs à hélice sans qu'il soit nécessaire de modifier les machines actuelles. On peut, en outre, en installer plusieurs sur l'arbre de couche, les placer si l'on veut de part et d'autre des machines motrices, et les faire fonctionner ensemble ou isolément, selon les cas.

Ils peuvent être installés sur des bâtiments spéciaux ayant un très-faible tirant d'eau, aux moyens desquels on pourrait débarquer des troupes sur des côtes peu profondes, et, par suite, peu ou pas défendues.

Leur application aux navires à éperon permettrait de donner à ceux-ci, au moment de l'attaque, une vitesse énorme en faisant développer, momentanément une grande puissance à leurs appareils moteurs. Dans des conditions semblables de puissance d'attaque, tout navire qui ne possèderait pas un propulseur semblable serait infailliblement abordé et coulé, ou, tout au moins, on lui briserait son hélice.

Enfin, leur emploi sur les steamers de transport aurait pour conséquence d'obtenir une marche de beaucoup supérieure à celle que peut donner l'hélice, tout en permettant de réaliser une grande économie de combustible.

VALLET.

Février 1875.

TABLE DES MATIÈRES

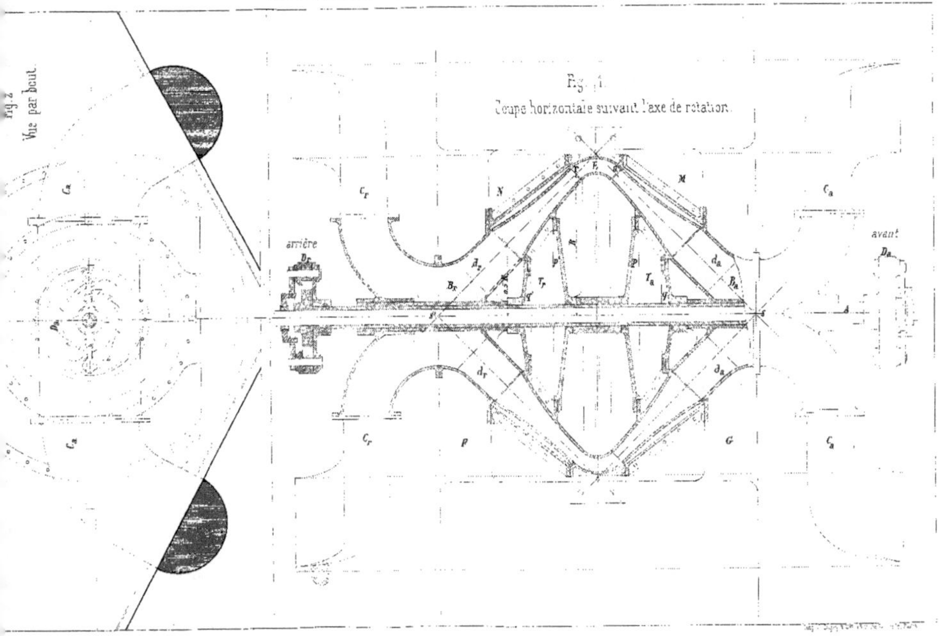

Fig. 1. Coupe horizontale suivant l'axe de rotation.

Fig. 2 Vue par bout.

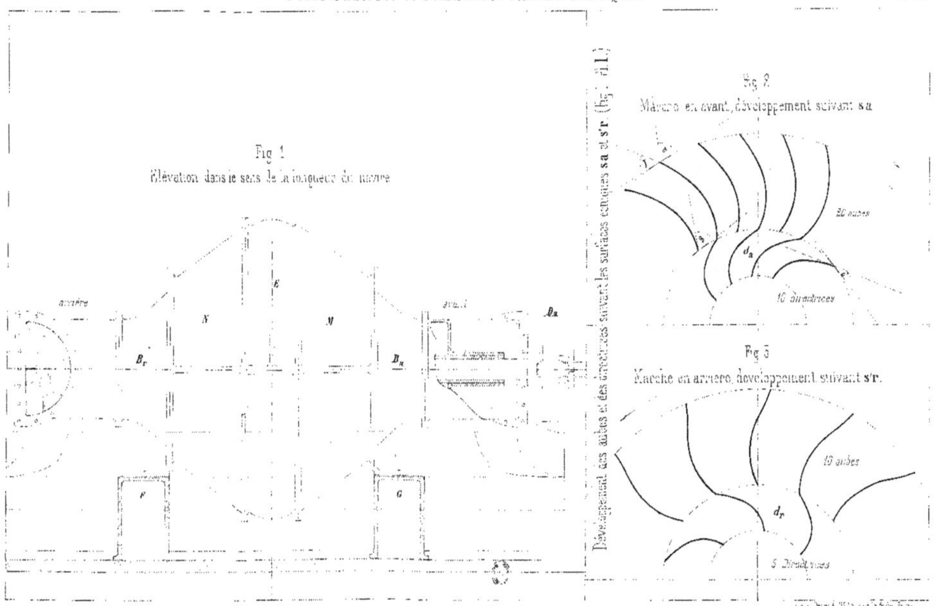
Fig. 1
Élévation dans le sens de la longueur du navire
arrière
avant
Développement des aubes et des directrices suivant les surfaces coniques sa et s'r (fig. 1 pl. I.)
Fig. 2
Marche en avant, développement suivant sa
20 aubes
10 Directrices
Fig. 3
Marche en arrière, développement suivant s'r.
10 aubes
5 Directrices

EN VENTE A LA MÊME LIBRAIRIE

Ouvrage du même Auteur

PRINCIPES DE LA CONSTRUCTION DES TURBINES, d'après une nouvelle méthode, pour la détermination rationnelle de la forme des Aubes, suivi de la théorie et des principes de la construction des pompes centrifuges.

Il n'existe pas encore d'ouvrages techniques donnant les principes exacts de la construction des Turbines. Or, aujourd'hui que les moteurs hydrauliques sont recherchés et appréciés, comme ils le méritent, par la grande comme par la petite Industrie, un ouvrage sérieux et consciencieusement écrit sur cette matière sera certainement accueilli avec empressement par les ingénieurs et par les constructeurs de machines.

L'ouvrage, qui vient de paraître, est le résultat des recherches et des expériences directes faites par l'auteur depuis le commencement de sa carrière industrielle. Tout à la fois théorique et pratique, cet ouvrage expose, d'une manière complète, tous les principes relatifs à la construction des Turbines, de manière à obtenir, de ces moteurs, et dans tous les cas possibles, un effet utile maximum. C'est le seul ouvrage qui, jusqu'à présent, donne la théorie et la méthode pour la détermination exacte de la forme des aubes. Les deux cas principaux, Turbines à débit constant et Turbines à libre déviation, à débit variable, y sont traités avec tous les développements que comporte l'importance de la question.

Depuis plusieurs années, l'auteur a construit, d'après sa méthode, un grand nombre de Turbines, depuis les forces de 4 à 5 chevaux jusqu'à celles de plus de 100 chevaux; et, dans tous les cas, l'effet utile a dépassé les 0.80 du travail absolu.

La deuxième partie de l'ouvrage expose la théorie complète des pompes centrifuges, ainsi que les principes rationnels de la construction de ces intéressantes machines.

Enfin, cet ouvrage est rédigé de manière à pouvoir être consulté avec fruit par les ingénieurs comme par les praticiens.

L'ensemble de l'ouvrage comprend un volume de texte grand in-8, et un Atlas grand in-4 contenant 15 planches doubles. Prix. . 20 fr.

Paris. — J. DEJEY & Cie, imprimeurs, 18, rue de la Perle.

www.ingramcontent.com/pod-product-compliance
Lightning Source LLC
LaVergne TN
LVHW050459160826
845677LV00003B/840

* 9 7 8 2 3 2 9 6 6 2 7 5 6 *